# El Año Nuevo Chino

por Rebecca Pettiford

Bullfrog Books

# Ideas para padres y maestros

Bullfrog Books permite
a los niños practicar la lectura
de texto informacional
desde el nivel principiante.
Repeticiones, palabras
conocidas y descripciones
en las imágenes ayudan
a los lectores principiantes.

## Antes de leer

• Hablen acerca de las fotografías.
¿Qué representan para ellos?

• Consulten juntos el glosario
de fotografías. Lean las palabras
y hablen de ellas.

## Lean en libro

• "Caminen" a través del libro y
observen las fotografías. Deje que
el niño haga preguntas. Señale las
descripciones en las imágenes.

• Lea el libro al niño, o deje que él
o ella lo lea independientemente.

## Después de leer

• Inspire a que el niño piense más.
Pregunte: ¿Celebra tu familia el
Año Nuevo Chino? ¿Qué tipo
de cosas ves cuando se celebra
el Año Nuevo Chino?

Bullfrog Books are published by Jump!
5357 Penn Avenue South
Minneapolis, MN 55419
www.jumplibrary.com

Library of Congress Cataloging-in-Publication Data

Pettiford, Rebecca.
  [Chinese New Year. Spanish]
  El Año Nuevo Chino / por Rebecca Pettiford.
    pages cm. — (Las Fiestas)
  Includes index.
  "Bullfrog Books are published by Jump!"
  ISBN 978-1-62031-239-1 (hardcover: alk. paper) —
  ISBN 978-1-62496-326-1 (ebook)
  1. Chinese New Year—Juvenile literature. I. Title.
  GT4905.P462518 2016
  394.261—dc23
                                          2015003253

Editor: Jenny Fretland VanVoorst
Series Designer: Ellen Huber
Book Designer: Michelle Sonnek
Photo Researcher: Michelle Sonnek
Translator: RAM Translations

Photo Credits: All photos by Shutterstock except:
age fotostock, 17; Alamy, 18–19, 22tr; Corbis, 9, 23tl,
24; iStock, 1, 4; Ngarto/Dreamstime, 8–9, 23br;
SuperStock, 3, 5, 16, 22br, 23bl; Thinkstock, 6–7.

Printed in the United States of America at
Corporate Graphics in North Mankato, Minnesota.

# Tabla de contenido

# ¿Qué es el Año Nuevo Chino?

El Año Nuevo Chino es un día festivo en China.

Mucha gente lo celebra.

¿Empieza el primero
de enero?

No. Cambia de año
en año.

Cada año es nombrado
como un animal.

¿Qué hacemos en el Año Nuevo?

Vamos al templo.

Honramos a nuestros ancestros.

ancestros

Mamá limpia la casa.
Le ayudamos a cocinar.

Ponemos una bandeja
con dulces y nueces.

El color rojo trae suerte.
Ponemos linternas rojas.
¡Lindas!

Nuestra familia
da regalos.

Li le ofrece
a PoPo naranjas.

Son un símbolo
de buena suerte.

Jin recibe un sobre rojo.

¿Qué hay adentro? ¡Dinero!

Vamos al desfile.

¿Ves al dragón?

¡Baila!

¡Mira!

¡Fuegos artificiales!

¡Feliz Año Nuevo!

21

# Los símbolos del Año Nuevo Chino

linternas rojas

fuegos artificiales

naranjas

sobres rojos

# Glosario con fotografías

**ancestros**
Miembros de una familia que vivieron hace mucho tiempo.

**PoPo**
Un apodo que algunos niños chinos usan para su abuela.

**Chino**
Se trata del estilo de vida, el idioma y las personas en China, un país en Asia.

**símbolo**
Un objeto que representa algo más. En China, la naranja es un símbolo de buena suerte.

**dragón**
Un símbolo en China que se asocia con la sabiduría y la realeza.

**templo**
Un edificio donde la gente va a rezar.

# Índice

# Para aprender más

Aprender más es tan fácil como 1, 2, 3.

1) Visite www.factsurfer.com

2) Escriba "añonuevo" en la caja de búsqueda.

3) Haga clic en el botón "Surf" para obtener una lista
    de sitios web.

Con factsurfer.com, más información está a solo un clic de distancia.